AF143974

BEI GRIN MACHT SICH IHR WISSEN BEZAHLT

- Wir veröffentlichen Ihre Hausarbeit,
  Bachelor- und Masterarbeit

- Ihr eigenes eBook und Buch -
  weltweit in allen wichtigen Shops

- Verdienen Sie an jedem Verkauf

Jetzt bei www.GRIN.com hochladen und kostenlos publizieren

Katharina von Lehmden

Analyse eines Sprechstundengesprächs

GRIN Verlag

Bibliografische Information der Deutschen Nationalbibliothek:

Die Deutsche Bibliothek verzeichnet diese Publikation in der Deutschen National-
bibliografie; detaillierte bibliografische Daten sind im Internet über http://dnb.d-
nb.de/ abrufbar.

Impressum:

Copyright © 2008 GRIN Verlag, Open Publishing GmbH
Druck und Bindung: Books on Demand GmbH, Norderstedt Germany
ISBN: 978-3-640-69926-1

Dieses Buch bei GRIN:

http://www.grin.com/de/e-book/155875/analyse-eines-sprechstundengespraechs

GRIN - Your knowledge has value

Der GRIN Verlag publiziert seit 1998 wissenschaftliche Arbeiten von Studenten, Hochschullehrern und anderen Akademikern als eBook und gedrucktes Buch. Die Verlagswebsite www.grin.com ist die ideale Plattform zur Veröffentlichung von Hausarbeiten, Abschlussarbeiten, wissenschaftlichen Aufsätzen, Dissertationen und Fachbüchern.

Besuchen Sie uns im Internet:

http://www.grin.com/

http://www.facebook.com/grincom

http://www.twitter.com/grin_com

Inhalt

1 Einleitung..1

2 Gesprochene Sprache und das Gespräch: Voraussetzungen und Aufbau.................2

3 Transkriptanalyse..3
    3.1 Eröffnungsphase...3
    3.2 Kernphase..4
    3.3 Beendigungsphase...8

4 Kategorie A-/Symmetrie/Hierarchie...9

5 Fazit...13

Literatur

1 Einleitung

Es gibt unterschiedliche Gesprächsbereiche und Gesprächstypen, zudem verschiedene Verwendungsweisen und Beschaffenheiten von Konversationen. Von großer Bedeutung sind vor allem der gesellschaftliche Kontext und der Handlungszusammenhang, in dem ein Gespräch stattfindet, da sie die Art und Weise des Gesprächs stark beeinflussen können.[1] In der vorliegenden Hausarbeit, die im Rahmen des linguistischen Seminars „Gesprochene Sprache" angefertigt wurde, ist die Analyse eines Gesprächs Aufgabengegenstand. Im Fokus steht ein Sprechstundengespräch an einer deutschen Hochschule. Mittels der Gesprächsanalyse werde ich unter anderem versuchen aufzuzeigen, auf welche Art und Weise Informationen vermittelt werden und der Kommunikationsprozess stattfindet.

Zunächst werde ich mich mit dem theoretischen Aufbau eines Gesprächs bzw. der gesprochenen Sprache befassen. Darin möchte ich unter anderem klären, wie die Beschaffenheit eines Gesprächs aussieht und welche Voraussetzungen überhaupt gegeben sein müssen. Des Weiteren werde ich mich nach einer umfassenden Transkriptanalyse im späteren Verlauf meiner Hausarbeit auf die Frage konzentrieren, inwiefern die Kategorie „Kommunikative A-/Symmetrie/Hierarchie" innerhalb eines Gesprächs von Bedeutung ist und sie sich auf die Entwicklung eines Gesprächs auswirkt. Ich habe dieses als gesondertes Kapitel für meine Hausarbeit gewählt, da die Kategorie „Kommunikative A-/Symmetrie/Hierarchie" für mich einen wichtigen Aspekt in der Gesprächsforschung darstellt und ein Gespräch und somit den Kommunikationsprozess von Grund auf beeinflussen kann. Auch aus psychologischer Sicht offenbart dieser Punkt einige spannende Aspekte, auf die ich gerne eingehen möchte. Im Anschluss an dieses Kapitel folgt ein Resümee ziehendes Fazit.

Als Grundlage für meine Hausarbeit dient das Sprechstundentranskript Nr. 7 („ich würd Ihnen da auch von mir aus ungern eher Vorgaben machen" – Absprache zur Textgrundlage einer Hausarbeit, Aufnahmedatum: 01.06.1992), bearbeitet und veröffentlicht von der Ruhr-Universität Bochum (s. BOETTCHER et al. 2005: 44 - 47), welches im Anhang dieser Hausarbeit vorzufinden ist.

---

[1] vgl. CÖLFEN: http://www.linse.uni-essen.de/miteinanderreden/pack04_alltag/alltag01.htm, zitiert: 2.3.07

2 Gesprochene Sprache und das Gespräch: Voraussetzungen und Aufbau

Die Sprache ist Gegenstand des linguistischen Forschungsbereichs. Grundlegende Unterschiede gibt es jedoch zwischen der gesprochenen und der geschriebenen Sprache. So besteht die gesprochene Sprache beispielsweise aus spontanen, nicht vorher festgelegten Formulierungen. Die geschriebene Sprache ist im Gegensatz dazu geplant. Da gesprochene Sprache nur geschrieben untersucht werden kann, begann man in den 1960er Jahren damit, Sprache mittels eines Tonbandgerätes aufzuzeichnen und die sprachlichen Merkmale herauszufiltern. Seitdem hat sich die Gesprächsforschung als Forschungszweig sehr gut entwickeln können. Nach SCHWITALLA (2006: 17ff.) ist die Rolle der gesprochenen Sprache - welche im Grunde besser als „Sprachverwendung" bezeichnet werden kann - in den letzten Jahren in der Sprachgeschichte zum Thema geworden.

Das mündlich realisierte Gespräch ist nach LINKE et al. (2004: 297) „die grundlegende Form des Sprachgebrauchs" und stellt auch den Mittelpunkt dieser Hausarbeit dar. Gespräche kommen in erster Linie dialogisch vor (Aktion – Reaktion). D.h., dass sie in Kommunikationssituationen eingebettet sind, die zwei oder mehrere Partner räumlich und/oder zeitlich (i.w.S.) verbinden und dass sie in Form einer Wechselrede, bei der die Beteiligten aufeinander folgend als Hörer und Sprecher in Erscheinung treten, vorkommen (s. LINKE et al. 2004: 297). Weitere Voraussetzungen für ein Gespräch sind die zeitliche Begrenztheit, eine Verständnisgrundlage (Bsp. Verwendung der gleichen Sprache), ein Gesprächsgegenstand sowie die Mündlichkeit von Sprache (SCHWITALLA 2006: 20: „Eine Sprache, die nur gedacht werden kann, ist keine Sprache").

Auch außersprachliche Rahmenbedingungen (= Redekonstellation) beeinflussen die Ausgestaltung und Entwicklung eines Gesprächs. Hierzu zählen u.a. neben der Anzahl der Gesprächspartner auch der Grad der Vorbereitetheit einzelner Gesprächsbeiträge, die thematische Fixiertheit sowie der Öffentlichkeitsgrad der Konversation (Freiburger Redekonstellationsmodell, s. LINKE et al. 2004: 325 und BRINKER/SAGER 2006: 115). Zudem spielt der Kontext, in dem das Gespräch stattfindet und der durch das Gespräch immer wieder neu definiert und aufgebaut wird, eine Rolle (AUER 1986: 41: „Damit wir miteinander schnell und problemlos interagieren können, müssen wir nicht nur ‚bedeutungsvolle' Äußerungen von uns geben, sondern zugleich Kontexte aufbauen, innerhalb derer unsere Äußerungen verstanden werden.", LINKE et al. 2004: 298: „Gespräche sind eine sprachliche Größe, deren einzelne Elemente sich zum Teil erst aus dem Verständnis des Ganzen heraus als sinnvoll erweisen und funktional bestimmen lassen.").

Ein Gespräch lässt sich in eine charakteristische Phasenstruktur untergliedern. Man unterteilt ein Gespräch in eine Eröffnungs- bzw. Startphase, eine Kernphase und eine abschließende Beendigungsphase. In der nachfolgenden Transkriptanalyse eines hochschulischen Sprechstundengespräches werde ich eine solche Phasenunterteilung vornehmen.

3 Transkriptanalyse

In dem vorliegenden Sprechstundentranskript, was als komplettes Exemplar im Anhang vorzufinden ist, wird dargestellt, wie sich eine Studentin im Grundstudium des Fachbereichs Germanistik bei einem Lehrbeauftragten Informationen über die Textgrundlage einer anzufertigenden Hausarbeit einholt. Im Folgenden soll dieses Transkript analysiert werden. Dabei gehe ich wie folgt vor: In einem ersten Schritt werde ich das Sprechstundentranskript in die drei üblichen Gesprächsphasen unterteilen. Generell ist es möglich, dass einige Phasen sich überschneiden oder durcheinander geraten. Nach der Phasenuntergliederung werde ich einige prägnante Stellen genauer untersuchen und gesprächsanalytischen Kategorien zuordnen.

3.1 Eröffnungsphase

Die Anfangsphase, auch als Start- oder Eröffnungsphase bezeichnet, dient nach BRINKER/SAGER (2006: 99) der Situationseinordnung und –definition. Grundlegendes kann vordefiniert werden. Zudem wird hierbei die wechselseitige Gesprächsbereitschaft hergestellt. Diese Phase fällt meistens relativ knapp aus und ist formell gehalten. Begrüßungen werden auf das Wichtigste beschränkt (häufige Paarsequenz: Gruß – Gegengruß) und gehen relativ schnell zu Befindlichkeitsfragen über. In dieser Phase finden häufig keine Namensnennungen statt. Zum Teil läuft die Eröffnungssequenz sogar noch im Stehen ab. Die Phase der Gesprächseröffnung kann für den weiteren Verlauf eines Gesprächs entscheidend sein. Die Vermittlung des ersten Eindrucks, vor allem auf der Seite der nicht-redebevorrechtigten Person (in diesem Fall: Studentin) ist in dieser Phase von Bedeutung und kann ebenfalls auf die Entwicklung des Gesprächs Einfluss haben.

Textausschnitt 1: Eröffnungsphase

Lehrender (Lehrbeauftragter)	**Studentin** (Grundstudium)
001 BITte sehr.	
002	[lachend:] klasse	[lacht]
003 [lachend:] lächeln Sie in die Kamera,		
004 [lacht] [schließt die tür] [lacht] Sie wissen	
005 bescheid. ich spar mir den sermon,	
006 [lacht] gut;	

Quelle: Boettcher et al. 2005: 44

Text 1 zeigt den ersten Abschnitt des transkribierten Sprechstundengesprächs und stellt die Eröffnungsphase dar. Als zusätzliche Vorabinformation[2] wurde gegeben, dass sich die erste transkribierte Äußerung der Studentin („klasse") auf die Videoinstallation bezieht und dass zu diesem Zeitpunkt der Raum betreten wird.

Die Eröffnungsphase beginnt damit, dass der Lehrende die Studentin in den Raum bittet. Eine Begrüßung und namentliche Vorstellung findet ebenso wenig wie eine Befindlichkeitsbefragung statt oder geschah bereits im Vorfeld der Aufzeichnung. Zudem gibt es keine Information zur Platzierung im Raum. Der Gesprächsinhalt bezieht sich auf die Videoinstallation (Z. 002 – 005). Die Aussage „gut" (Z. 006) seitens des Lehrenden fordert die Studentin zur Beschreibung der Anliegensformulierung auf und bildet somit den Übergang zur Kernphase des Sprechstundengesprächs.

Auch wenn die Eröffnungssequenz relativ knapp erfolgt, erfährt der Leser dennoch, dass die Gesprächssituation zu Beginn noch aufgelockert ist. Das kann den beiderseits nonverbalen Äußerungen in Form von Lachen (Z. 002 ff.) entnommen werden.

3.2 Kernphase

BRINKER/SAGER (2006: 100ff.) erklären, dass in der Kernphase, auch als Gesprächsmitte bezeichnet, Kommunikationsgegenstände abgehandelt und Gesprächsziele verfolgt werden. Kernphasen sind in ihrer Beschaffenheit sehr viel komplexer im Vergleich zu Eröffnungs- und Beendigungsphasen und unterliegen individueller Gestaltungsmöglichkeit. Es haben sich jedoch gesprächsspezifische Ablaufmuster entwickelt, die den Beteiligten eine mehr oder weniger feste Orientierung für ihr Sprachhandeln geben. Bei der vorliegenden Art des Gesprächstyps (Beratungsgespräch) lässt sich die Kernphase sehr deutlich von der Eröffnungsphase abtrennen. Die Kernphase beginnt mit der Anliegensformulierung der Studentin.

---

[2] siehe Basisinformationen Transkript, Anhang

Textausschnitt 2: Beginn der Kernphase

007		ja; ich wollte gerne ehm; die hausarbeit
008		eh; über den den sklovskij da machen;
009	AUCH; mein gott; ALle kommen heute	ja
010	nach dieser sitzung und wollen ich hab	der is doch so toll; [lacht]
011	dem GRAde schon gesagt; die die	
012	schwierigkeit is; sie stürzen sich jetzt	
013	alle auf den ERSten text, der über-	
014	HAUPT was mit literarischen texten	
015	macht, wir haben ja vorher noch	
016	nichts in dem sinne gemacht, und, (0) ne,	nee nee;
017	weil jetzt die zeit drängt, wollen	
018	alle diesen text bearbeiten; das wird	
019	schwierig; (0) nich für mich; [deutet	
020	auf sich] aber ich ich finds, nachher är-	
021	gern Se sich; dass Se nich n viel	
022	späteres textbeispiel in unserer	
023	chronologie ausgewählt haben;	ja weiß nich; aber der gefiel mir extrem
024		gut;
025	gut; (0) wenn Sie meinen dass das stoff	[lacht] ja;
026	für ne arbeit abgibt,	nur mir fehlt
027		mir mir fehlt, eh; also die die der rest der
028		literatur dazu; (0)
029	WELcher rest?	
030		JA weiß nich; eh muss ja irgendwie n n
031		beispiel haben oder so;
032	JA:, (0)	

Quelle: Boettcher et al. 2005: 44f.

Die Anliegensformulierung der Studentin (Z. 007 – 008) fällt sehr kurz aus. Die Studentin bringt im Grunde mit den Wörtern „hausarbeit" und „sklovskij" lediglich zwei grobe Stichpunkte, die von dem Lehrenden sofort aufgefasst werden und die den Lehrenden das Rederecht sofort wieder übernehmen lassen, ohne die Studentin weiter ausführen zu lassen. Der Dozent greift hier möglicherweise zu früh in der Anliegensformulierung der Studentin ein.

Die Anliegensklärung, in der Details des Anliegens geklärt werden können und die in den meisten hochschulischen Sprechstundengesprächen selten systematisch ist, erfolgt in den Zeilen 025 bis 031. Darin schildert die Studentin das eigentliche Problem, ihren Mangel an Literatur. Die Beschreibung des Problems geschieht sehr unsicher, was durch Wiederholungen von einzelnen Wörtern (Bsp. „mir", „die", Z. 027) und unentschlossenen Satzsequenzen (Bsp. Z. 030: „JA weiß nich", „irgendwie", Z. 031: „oder so") belegt werden kann. Das darauf folgende „JA" (Z. 032) des Lehrenden dient der Verständnissicherung und leitet zur Anliegensbearbeitung (Z. 032 – 155) über, in der die Problemlösung angegangen wird. Die Anliegensbearbeitung zieht sich bis zum Ende des Beratungsgesprächs hin.

Die Turns (= Sprecherbeiträge) der Studentin fallen generell sehr kurz aus, sie hat somit einen geringen Redeanteil innerhalb des gesamten Sprechstundengesprächs. Durch Hörerrückmeldungen, auch Hörrückmeldungen genannt, (s. Textausschnitt 3) signalisiert die Studentin Aufmerksamkeit und Verständnissicherung. Das Rederecht soll bei der Hörerrückmeldung nicht unbedingt genommen werden, sondern dient der Bestätigung der Aussagen des Lehrenden. Im vorliegenden Sprechstundengespräch treten Hörerrückmeldungen auf Seiten der Studentin fortlaufend auf.

Textausschnitt 3: Hörerrückmeldungen

```
050   Oder, was AUCH schon jetzt die BEIden,
051   die vorhin da waren; die wollen ge-
052   MEINsam das thema machen; denen
053   hab ich gleich gesacht, sie können auch
054   ruhig verschiedene beispiele; (0) aus
055   verSCHIEdenen kontexten heranziehen,
056   (0) gar nich sich ein auf ein, (0) ein          mhm,
057   einzelnes werk stürzen, sondern eben
058   zu jedem, zu jeder verfremdungsart ir-
059   gendwoher aus ihrem kenntnisbereich;
060   beispiele heranziehen. (0) das wär, ja           mhm;
061   nun. das wäre Ihre aufgabe nun dabei;
062   den sklovskij haben Sie ja nun, Sie
063   brauchen den ja nur noch kurz zu
064   referieren, die wichtigen begriffe, der          ja;
065   verfremdung, (0) und dann applizieren.
066   auf einen (0) text; oder auch mehrere
067   textbeispiele Ihrer WAHL;
```

Quelle: Boettcher et al. 2005: 45

Die Studentin lässt den Lehrenden überwiegend aussprechen. Sie bringt sich lediglich dann ein und redet simultan zum Lehrenden, wenn es um einen konkreten Vorschlag zur Herangehensweise der Arbeitsaufgabe geht (Bsp. Z. 096 f., Z. 140 – 143).

Textausschnitt 4: Simultaneität

```
096   nich (0) nur; (0) jetzt so alte klamotten      nee; ich will schon gerne nur einen
097   aus er schule; oder so; das kommt auch        text machen; denk ich;
098   immer wieder. (0) ein text.
```

Quelle: Boettcher et al. 2005: 46

Die Studentin wirkt in einigen Passagen unorganisiert und unsicher. Ein Beleg dafür sind z.B. unverständliche Äußerungen (im Transkript in Klammern gehalten), die bei der Studentin relativ häufig auftreten und sich zum Ende des Gesprächs hin mehren. Des Weiteren nimmt sie das ihr übergebene Rederecht zum Teil erst mit Verzögerung (Bsp. Z. 103) oder nach deutlicher Aufforderung (Bsp. Z. 123: „hm, hm", Z. 077: „ne") an und drückt sich insgesamt unverständlich aus. Zudem betont sie ihre Aussagen nur sehr selten. Akzentuierung und Intonationen finden, wenn überhaupt, nur dann Verwendung, wenn sie das Rederecht übernimmt (Bsp. Z. 078: „GUT", Z. 107: „NEE"). In einigen Transkriptpassagen kommt es zur Unterbrechung des Turns des Lehrenden durch die Studentin (nach konkurrierendem Rederecht, Bsp. Z. 096 f., Z. 106 ff.). Der Lehrbeauftragte geht daraufhin auf die Studentin ein und setzt sich mit ihren Aussagen auseinander.

Oft bildet die Studentin nur unvollständige Sätze (Bsp. Z. 124 f.: „ich würd auch gerne irgendwie so was dürrenmatt"). Innerhalb ihrer Turns gibt es viele Wortverschleifungen (Bsp. Z. 080: „ne"). Einzelne Wörter werden innerhalb ihrer Turns wiederholt (Bsp.: Z. 069: „von von von"), was in diesem Fall aber auch durch simultanes Sprechen hervorgerufen werden kann. Des Weiteren verwendet die Studentin überflüssige Satzsequenzen und Partikel. Beispielsweise taucht der Partikel „so" in einem relativ kurzen Turn (Z. 078 – 084) gleich achtmal auf. Die Satzsequenz „weiß nich" (o.ä.) wird insgesamt sechsmal über das gesamte Gespräch hinweg geäußert und bescheinigt noch einmal die Unsicherheit und das Unwissen der Studentin. Daneben gibt es auf Seiten der Studentin weitere Wiederholungen, die sich auf den Inhalt ihrer Aussagen beziehen. So erwähnt sie beispielsweise zweimal, dass sie sich hinsichtlich ihrer Hausarbeit gerne mit Dürrenmatt auseinander setzen würde (Z. 125, Z. 147f.).

Zu Beginn des Gesprächs geht der Lehrende auf die Anliegensformulierung der Studentin ein und ereifert sich darüber, dass sich so viele Studenten für das gleiche Hausarbeitsthema entschieden haben. Er gibt sich während der Anliegensbearbeitung (ab Z. 032) dennoch Mühe, der Studentin Ratschläge zur Hausarbeit zu geben. Im Laufe des Gesprächs nimmt er immer wieder Bezug zu anderen Studierenden, die bereits in seiner Sprechstunde waren (Bsp. Z. 009 ff., Z. 050 ff.). Somit wird deutlich, dass sich der Lehrende mit dem Gesprächsinhalt schon mehrfach beschäftigt hat und er ihn erneut darlegen kann.

Die Turns des Lehrenden fallen sehr viel länger aus als die der Studentin. Somit hat der Lehrbeauftragte innerhalb des Sprechstundengesprächs einen größeren Redeanteil. Die Pausen innerhalb seiner Turns sind sehr kurz (<1 sek.) und dienen dem Nachdenken und der Selbstorganisation. Weitere Pausen entstehen, wenn der Lehrende der Studentin das Rederecht übergibt und sie zu Wort kommen lässt. Durch stellenweise zusätzliche Satzpartikel (Vergewisserungsanhängsel: Bsp. Z. 123: „hm, hm", Z. 077: „ne") oder starke Akzentuierung des Aussagenendes (Bsp. Z. 067: „WAHL") fordert er die Studentin sogar zur Äußerung auf. Der Lehrende lässt die Studentin nicht immer aussprechen, so dass ihre Turns unterbrochen werden (Bsp.: Z. 033 und Z. 039). Hörerrückmeldungen wie zuvor bei der Studentin sind auf Seiten des Lehrenden nicht vorhanden.

Der Lehrende drückt sich sehr viel verständlicher als die Studentin aus, obwohl auch auf Seiten des Lehrenden unvollständige Sätze (Bsp. Z. 020 f.: „aber ich ich finds, nachher ärgern Se sich") und Verschleifungen auftreten (Bsp.: Z. 045: „Se", Z. 046: „ner"). Die relativ klare Struktur seiner Aussagen zeigt sich zum einen in der Verwendung von Akzenten und Dehnungen, zum anderen sind im Gegensatz zu den Turns der Studentin keine unverständlichen Passagen vorhanden.

Der Lehrende wirkt sehr organisiert und selbstsicher. Er macht seine Position zu den Inhalten schnell deutlich (Bsp. Z. 113f. „mit der ich selber auch ganz gerne arbeite"). Der Lehrende erläutert zudem sehr strukturiert und meidet inhaltliche Wiederholungen, auch wenn er sich zwischenzeitlich durch Einwürfe der Studentin in der Ausführung seiner Sätze leicht beeinflussen lässt. Des Weiteren verwendet er Wörter der Bildungssprache (Bsp. Z. 005: „sermon", Z. 088: gedichtanthologie", Z. 134: „kohärente"), die seine Äußerungen zusätzlich überlegt und strukturiert wirken lassen.

3.3 Beendigungsphase

Die Beendigungsphase hat nach BRINKER/SAGER (2006) die Funktion, die Gesprächsbereitschaft gemeinsam aufzulösen. Die Phase wird somit eingeleitet, wenn zwischen den Gesprächsteilnehmern darüber Einverständnis erzielt worden ist, dass die Behandlung von Gesprächsthemen abgeschlossen ist. Für eine Gesprächsbeendigung gibt es verschiedene Signalsequenzen. Beispiele hierfür sind Wiederholungen des bereits Besprochenem, bestimmte Abschlusssignale (Bsp. „gut, das wär's") und simultanes Sprechen identischer Äußerungen. Entscheidend ist, dass jeder Beendigungsversuch durch den anderen Gesprächsteilnehmer bestätigt werden muss (BRINKER/SAGER 2006: 99 ff.).

Die Beendigungsphase im vorliegenden Sprechstundentranskript ist meiner Meinung nach schwerer einzuordnen als die Start- und Kernphase. Ich ordne die Beendigungsphase den Zeilen 147 bis 156 zu, auch wenn ich diesen Teil noch zur Anliegensbearbeitung zähle. Ein Grund für diese Zuordnung ist, dass die Studentin beginnt, sich inhaltlich zu wiederholen. Sie erwähnt Dürrenmatt (Z. 147 f.), auf den sie zuvor in einem ihrer Turns bereits eingegangen war (Z. 124 f.). Der Lehrende hat daraufhin die Absicht, das Gespräch zu beenden (= opening up ending). Der Beendigungsversuch wird im Anschluss daran durch die Studentin bestätigt (Z. 153 f.: „gut. dann such ich."). Es kommt zu einer positiven Ratifizierung seitens der Studentin. Abschließend verabschieden sich die beiden Gesprächsbeteiligten (simultan gesprochene Paarsequenz: Z. 156: Lehrender: „tschüss", Studentin: „tschü:ss"), womit auch das Sprechstundentranskript endet.

4 Kategorie „Kommunikative A-/Symmetrie/Hierarchie"

Im Folgenden möchte ich auf die Kategorie „kommunikative A-/Symmetrie/Hierarchie" eingehen. Zunächst sollen diese Begriffe näher erläutert werden. BROCK/MEER (2005) haben aufgrund oft fehlender terminologischer Trennschärfe den Versuch einer engen und genauen Begriffsdefinition von A-/Symmetrie, Hierarchie, Macht und Dominanz unternommen. Ich werde mich bei der Erläuterung der Kategorie an dem Artikel der eben genannten Autoren orientieren.

Der Begriff „Asymmetrie" dient der näheren Beschreibung „ungleicher kommunikativer Verhaltensweisen" zwischen Gesprächspartnern (BROCK/MEER 2005: 189). Einerseits unterscheidet man zwischen horizontaler und vertikaler Asymmetrie. Hätte man diese Unterscheidung nicht, würde beispielsweise unklar bleiben, ob das Verhältnis zwischen den Beteiligten grundlegend hierarchisch oder hierarchieneutral ist (BROCK/MEER 2005: 186). Andererseits wird zwischen lokaler und globaler Asymmetrie unterschieden. Lokale Asymmetrien sind asymmetrische Merkmale, die im Transkript vereinzelt auftreten und sich nicht verallgemeinern lassen. „Wichtig ist [...], dass es für die Gesamtcharakterisierung eines Gesprächs bzw. eines Gesprächstyps als ‚asymmetrisch' nicht ausreicht, einzelne lokale Asymmetrien nachzuweisen" (BROCK/MEER 2005: 194). Daher sind globale Asymmetrien von weitaus größerer Bedeutung. Globale Asymmetrien, die „situations- und kategorienübergreifend" (BROCK/MEER 2005: 186) sind, bedürfen einer umfassenderen Datenmenge. BROCK und MEER haben sich darauf geeinigt, globale Asymmetrien sowohl auf ein einzelnes Gesprächsexemplar als auch auf einen ganzen Gesprächstypen zu beziehen.

Aus der Asymmetrie, die „macht-, dominanz- und hierarchieneutral" (BROCK/MEER 2005: 203) ist, lässt sich letztendlich eine hierarchische Struktur, die einen institutionellen Hintergrund besitzt und tendenziell statisch ist, schlussfolgern.

Hierarchie zeigt positionsspezifische Unterschiede der Gesprächspartner auf und unterstreicht die „organisationsstrukturelle Bedingtheit kommunikativer Ungleichheit" (BROCK/MEER 2005: 189).

Neben „Asymmetrie" und „Hierarchie" führen BROCK und MEER (2005) noch weitere Begriffsdefinitionen an, die in manchen Gesprächsanalysen ebenfalls Erwähnung finden. Dieses ist zum einen der Begriff „Macht", zum anderen ist das der Begriff „Dominanz".

BROCK und MEER berichten, dass Vertreter/innen der Kritischen Diskursanalyse davon ausgehen, „dass Sprache und Kommunikation durchgängig von Machtwirkungen durchzogen sind" (BROCK/MEER 2005: 190). Die Autoren sind schlussfolgernd der Meinung, dass Macht besser abstrakt auf strukturelle Gegebenheiten bezogen werden kann und dass es eher vielschichtige Machtbeziehungen sind, die die sprachliche Wirklichkeit produzieren (BROCK/MEER 2005: 201). Sie erklären weiterhin, dass bei dem Begriff „Dominanz" die Trennschärfe zum Begriff „Macht" fehlt. Bei Dominanz würde hierbei jedoch eher auf ein konkretes Verhalten eines Gesprächsbeteiligten Bezug genommen werden.

LINKE et al. (2004) nutzen anstatt der Ausdrücke „Asymmetrie" und „Hierarchie" die Begriffe „Institutionelle bzw. organisatorische Rollen" (LINKE et al. 2004: 326). Dabei wird erläutert, dass diese Rollen durch einen Sprecher oder eine Sprecherin im Rahmen einer bestimmten Gesprächsorganisation übernommen werden. Die Sprecher bzw. die Sprecherinnen werden mit Gesprächsprivilegien ausgestattet, haben also Rechte und gewisse Pflichte, die sie bezüglich des Gesprächs auszuüben haben (s.u.).

Ich werde im Folgenden aus der analytischen Betrachtung heraus zeigen, wie asymmetrische und hierarchische Strukturen im behandelten Sprechstundentranskript aufgebaut sind.

Wie bereits in Kapitel 3 erwähnt, wirkt die Studentin unsicher und unorganisiert. Ihre Äußerungen trägt sie teilweise sehr zögerlich vor. Sie orientiert sich nicht an wissenschaftlichem Sprechen und benutzt Wörter der Umgangssprache. Ihr Lachen kann als Auflockerung (Z. 002), aber auch als Rechtfertigung und Selbstschutz gesehen werden (Z. 025). Satzsequenzen wie „weiß nich" (Z. 030), die sie öfter wiederholt, zeigen Unsicherheit, Unentschlossenheit und Unwissen. Unverständliche Aussagen zum Ende hin belegen die Unsicherheit ihrer Aussagen nochmals. Durch Hörerrückmeldung auf die Aussagen des Lehrenden zeigt sie Verständnissicherung und Aufmerksamkeit.

Die Studentin befindet sich klar in Bittstellerinnenposition. Ihr geht es während des Gesprächs durchgehend darum, Beispiele für Literatur zu erhalten und Nachfragen zur Aufgabenstellung zu stellen (Z. 140 f.: „also brauch ich zusätzlich nich eh; noch ja; sagen wir da ne große interpretation, von dem").

Dennoch hat sie auch eigene Vorstellungen von der Hausarbeit (Z. 023 f.: „aber der gefiel mir extrem gut", Z. 096 f.: „ich will schon gerne nur einen text machen; denk ich", Z. 124: „ich würd auch gerne irgendwie so was dürrenmatt"). Ihre Äußerungen dazu kommen aber meist relativ spät und sind sehr unsicher und vage. Trotz ihrer deutlichen Unsicherheit ist die Studentin in der Lage, simultan zum Lehrenden zu reden und ihm das Rederecht zu nehmen (Z. 140 ff.).

Der Lehrende hat von Beginn an hohe Redeanteile und ist bemüht, sein Rederecht aufrechtzuerhalten, was insbesondere bei Ablenkung durch Studentin der Fall ist. Zudem übernimmt er immer recht schnell das Rederecht. Er ist in der Lage das Gespräch zu lenken (gesprächs- und themensteuernd) und bringt die Studentin, sich zu bestimmten Punkten zu äußern (Bsp. Z 122 f.: „wär vielleicht ein schöner tipp; (1) hm hm"). In einigen Gesprächspassagen überlässt er der Studentin das Rederecht, was er durch Pausen und Akzentuierungen signalisiert (Bsp. Z. 067). Akzente setzt er zudem, um einige Wörter hervorzustellen (Bsp. Z. 009, Z. 035, Z. 050: „AUCH": verdeutlicht die meistens die Situation, in der er sich befindet). Der Lehrende macht von seinem Recht zu urteilen Gebrauch. Zudem hat er eine feste Meinung, was zum Teil in Vorwürfe übergeht (Bsp.: Z. 019: „das wird schwierig", Z. 25 f.: „wenn sie meinen dass das stoff für ne arbeit abgibt", Z. 106 f.: „das find ich auch wieder so"). Ein auffälliges Merkmal auf Seiten des Lehrenden ist, dass er bezüglich der Themenwahl nicht diskutiert, sondern sich heraushält. Er überlässt die Entscheidung der Studentin: „ich würd Ihnen da auch von mir aus ungern eher vorgaben machen" (zugleich Titel des Transkripts, Z. 036 f.). Auch im weiteren Verlauf des Gesprächs weist er immer wieder von sich ab, was dem Selbstschutz und zum Teil auch der Selbstverteidigung und der Schuldabweisung dient. So antwortet er beispielsweise auf die Bitte der Studentin, ein Literaturbeispiel zu geben, nicht, sondern stellt eine Gegenfrage (Z. 080: „ja was kennen Sie denn"). Er überrascht damit die Studentin, die daraufhin ideenlos ist. Der Lehrende merkt, dass er nun doch eingreifen muss und erinnert sich an eine frühere Ausarbeitung zu diesem Thema und äußert sich dazu.

Insofern es nicht um die Wahl des Themas gibt, ist der Lehrende bemüht, Ratschläge zu geben. Zudem verdeutlicht er mehrmals die Aufgabenstellung (Bsp. Z. 039 ff., Z. 143 ff.). Er demonstriert Wissen, spricht selbstbewusst und wissenschaftlich. Er hat einen verständlichen Ausdruck und legt während seiner Ausführung wenig Pausen ein. Die Wiederholungen von einzelnen Wörtern zeigen nicht Unsicherheit, sondern dienen der Selbstorganisation und/oder verleiht den Aussagen eine stärkere Aussagekraft (Bsp. Z. 069: „darf ja; jaja; muss aber nich. Nee nee").

Die aufgezählten Merkmale sind global asymmetrisch. Sie lassen sich anhand mehrerer Textstellen belegen und sind durchaus auch auf andere Beispiele des Gesprächstyps „Beratungsgespräch" zu beziehen.

Deutlich wird, dass die Rollen wie sie bei LINKE et al. (2002) beschrieben werden, klar verteilt sind. Die Rollenübernahme bringt einen bevorrechtigten Sprecher hervor, der über Gesprächsprivilegien verfügt. Zu diesen zählen u.a. das Recht der Gesprächseröffnung und –beendigung, das Stellen von Fragen, die Unterbrechung von Gesprächspartnern, die Entscheidung über die Länge einzelner Gesprächsphasen sowie das Recht über Themenwechsel und Wertung des Gesprächsinhalts des Sprechpartners (LINKE et al. 2002: 326).

Zahlreiche globale Asymmetrien und Kontextualisierungshinweise (AUER 1986: 26: „durch Kontextualisierungsverfahren werden Kontextualisierungshinweise und Schemata aufeinander bezogen") geben Aufschluss darüber, dass der Lehrende sich hierarchisch in einer höheren Position als die Studierende befindet. Aufgrund des institutionellen Hintergrundes übernimmt er die Rolle der redebevorrechtigten Person und weiß seine Privilegien zu nutzen (= Lehrender hat Wahlmöglichkeiten, Bsp. Stellen von Fragen, Gesprächssteuerung, Urteilsbildung). Er bleibt im Rahmen der „Vorgaben der institutionellen Situation" untergeordnet (BROCK/MEER S. 198). BROCK und MEER (2005) sprechen hierbei von einem möglichen „institutionell und diskurtiv strukturierte[n] Möglichkeitsfeld" (BROCK/MEER 2005: 200).

Die Studentin ordnet sich aufgrund ihres unsicheren, unorganisierten und unentschlossenen Verhaltens hierarchisch unter und nimmt die Rolle der nicht-redebevorrechtigten Person an.

Demnach sind die positionsspezifischen Unterschiede im kommunikativen Verhalten bezüglich der Kategorie „Kommunikative A-/Symmetrie/Hierarchie" geklärt.

5 Fazit

Zum Abschluss möchte ich erwähnen, dass das vorliegende Sprechstundentranskript aufgrund seiner klaren Struktur und des überschaubaren Umfangs sehr gut für eine Gesprächsanalyse geeignet war. Positionsspezifische Unterschiede wurden während der Analyse schnell deutlich. Asymmetrische Merkmale, durch die man auf hierarchische Strukturen schließen konnte, waren gut ersichtlich.

Ich denke, dass es bei einer Gesprächsanalyse auf jeden Fall sinnvoll ist, auf die Kategorie „Kommunikative A-/Symmetrie/Hierarchie" einzugehen, da das gesamte Gespräch auf Asymmetrien und letztlich Hierarchien aufgebaut ist.

Es wäre sehr hilfreich gewesen, wenn man zum Transkript zusätzlich eine Tonbandaufnahme des Gesprächs gehabt hätte. So hätte man beispielsweise noch intensiver auf Prosodie, zu der neben Akzentsetzung, Intonation und Lautstärke auch Pausen und Sprechgeschwindigkeit zählen, eingehen können. Ohne Tonbandaufnahme war es zum Teil sehr schwierig auf Verhaltensweisen und bestimmte Äußerungen der Gesprächspartner einzugehen.

Das Thema „Gesprächsanalyse" hat mir insgesamt sehr gut gefallen, auch da es in der Herangehensweise und der Schwerpunktsetzung viele Möglichkeiten und Variationen zulässt. Auf diese Weise war es mir möglich, das Thema relativ frei zu behandeln und die Gesprächsanalyse individuell zu gestalten.

Literatur

➤ Auer, Peter (1986): *Kontextualisierung.* In: Studium Linguistik. Heft 19, 22 - 47

➤ Brinker, Klaus / Sager, Sven F. (2006): *Linguistische Gesprächsanalyse. Eine Einführung.* Berlin

➤ Linke, Angelika / Nussbaumer, Markus / Portmann, Paul R. (2002): *Studienbuch Linguistik.* Tübingen

➤ Schwitalla, Johannes (2006): *Gesprochenes Deutsch. Eine Einführung.* Berlin

Internet:

➤ Boettcher, Wolfgang / Limburg, Anika /Meer, Dorothee /Zegers, Vera (2005): *Sprechstundengespräche an der Hochschule. Ein Transkriptband.* http://www.verlag-gespraechsforschung.de [Internet], zitiert: 7.3.2007

➤ Brock, Alexander / Meer, Dorothee (2005): *Macht – Hierarchie – Dominanz –A- /Symmetrie: Begriffliche Überlegungen zur kommunikativen Ungleichheit in institutionellen Gesprächen.* In: Gesprächsforschung. Online-Zeitschrift zur verbalen Interaktion 5, S. 184 – 209 http://www.gespraechsforschung-ozs.de [Internet], zitiert: 6.3.2007

➤ Cölfen, Hermann (2004): *Miteinander reden: Alltagsgespräche.* In: Miteinander reden. Ein Projekt zur Erforschung dialogischer Hypermedia-Produktion. http://www.linse.uni-essen.de/miteinanderreden [Internet], zitiert: 2.3.07